Read for a
Better World™
Ojibwemowin

Agindaasoowigamig Genawendangig

Percy Leed

**Gaa-anishinaabewisidood
Chato Ombishkebines Gonzalez**

Lerner Publications ◆ Gakaabikaang

Ininiwag miinawaa Ikwewag

Gaawiin izhisijigaadesinoon ojibwemowin ezhisijigaadeg zhaaganaashiimowin. Mii iko aabajichigaadeg inini eshkwesing da-dazhinjigaazod a'aw dinowa enanokiid, aanawi go inini gemaa gaye ikwe aawi. Gaawiin nawaj apiitendaagozisiin a'aw inini apiish a'aw ikwe anishinaabewiyang.

Ezhisijigaadeg yo'ow Mazina'igan

Agindaasoowigamig Genawendangig

Agindaasoowigamigong dazhi-anokiiwag. Naadamaagewag da-nanda-gikendaasonid awiya.

Naadamaagewag
da-mikigaadeg
mazina'iganan.

Naadamaagewag da-nitaa-mazinaabikiwebinigenid awiya.

mazinaabikiwebiniganan

7

Maagizhaa gaye gegoo wii-nanda-gikendang a'aw gikinoo'amaagan. Onaadamawaawaan iniw gikinoo'amaaganan.

Aaniin ezhinaagwak i'iw agindaasoowigamig endazhi-gikinoo'amaagoziyan?

Odazhe-atoonaawaan mazina'iganan azhigwa gaa-aginjigaadeg ingiw agindaasoowigamig genawendangig.

Agindamaagewag aanind agindaasoowigamig genawendangig.

Wiika na gigii-agindamaag mazina'iganan agindaasoowigamig genawendang?

Aanind ozhiitaawag giizhaa ge-izhichigewaad. Maagizhaa daa-oko'idiwag da-agindaasowaad.

Ayaamagadidog ingoji da-dazhitaang agindaasoowigamigong.

Mii imaa gaye ganawendamowaad
ingiw agindasoowigamig
genawendangig.

Ginwenzh gikinoo'amaagoziwag ingiw agindaasoowigamig genawendangig.

Aaniish wenji-gikinoo'amaagoziwaad ingiw agindaasoowigamig genawendangig?

Aanoodiziwag ingiw agindaasoowigamig genawendangig da-gikendaasoyang!

Gikendaasowinan!

Aaniish wenji-minwenimadwaa ingiw agindaasoowigamig genawendangig?

Aaniin akeyaa ge-izhi-naadamookwaa?

Giwii-ganawendaan ina agindaasoowigamig gichi-aya'aawiyan?

Ezhi-wiiji'iweyang miinawaa Enamanji'oyang

Apiitendaagwadini awiya i'iw akeyaa ezhi-gikinoo'amaagozid da-apiitenindizod maadagindaasod. Gagwejim egindaasod enendang:

Awegonen gaa-maamawi-minwendaman gii-agindaman yo'ow mazina'igan?

Awegonesh gekendaman azhigwa gaa-agindaman yo'ow mazina'igan?

Gimikwenimaa ina awiya nayaadamaaged megwaa agindaman yo'ow mazina'igan?

Mazinaakizonan

agindaasoowigamig

agindamaw

mazinaabikiwebinigan

oko'idiwag

Agindan onow

Bassier, Emma. *Libraries*. Minneapolis: Pop!, 2020.

Kaiser, Brianna. *All about Librarians*. Minneapolis: Lerner Publications, 2023.

Tornito, Maria. *A Day with a Librarian*. Minneapolis: Jump!, 2022.

Ikidowinan

Mazinaakizonan Gaa-ondinigaadeg

Nimbagidinigonaanig da-aabajitooyaang onow mazinaakizonan omaa mazina'iganing ingiw: © wavebreakmedia/Shutterstock Images, pp. 4–5, 6, 8–9, 23 (bottom left); © SDI Productions/iStockphoto, pp. 7, 12–13, 23 (top right, bottom right); © Trish233/iStockphoto, pp. 10–11; © weedezign/Adobe Stock, pp. 14–15, 23 (top left); © FatCamera/iStockphoto, p. 16; © Hispanolistic/iStockphoto, p. 17; © PeopleImages/iStockphoto, pp. 18–19; © kali9/iStockphoto, p. 20. Cover Photograph: © Wavebreakmedia/iStockphoto. Design Elements: © Mighty Media, Inc.

Anishinaabewisijigaade: ezhi-dibendaagwak © 2025 by Lerner Publishing Group, Inc.
Librarians: A First Look izhi-wiinde
Ozhibii'igan: ezhi-dibendaagwak 2025 by Lerner Publishing Group, Inc.
Ogii-anishinaabewisidoon a'aw Chato Ombishkebines Gonzalez

Odibendaan Lerner Publications, Lerner Publishing Group, Inc.
241 First Avenue North
Gakaabikaang 55401 USA

Nanda-mikan nawaj mazina'iganan imaa www.lernerbooks.com.

Mikado a Medium izhinikaade yo'ow dinowa ezhibii'igaadeg.
Hannes von Doehren ogii-michi-giizhitoon yo'ow dinowa ezhibii'igaadeg.

ISBN 979-8-7656-4954-1 (PB)

Library of Congress Cataloging-in-Publication Data

The Cataloging-in-Publication Data for the English version of *Librarians: A First Look* is on file at the Library of Congress

ISBN 979-8-7656-2643-6 (lib. bdg.)
ISBN 979-8-7656-3688-6 (epub)

Nanda-mikan yo'ow mazina'igan imaa https://lccn.loc.gov/2023035574
Nanda-mikan yo'ow waasamoo-mazina'igan imaa https://lccn.loc.gov/2023035575

Gii-ozhichigaade Gichi-mookomaan-akiing
1-1010588-53595-3/29/2024